SOCIÉTÉ INDUSTRIELLE
du Nord de la France.

UNE NOUVELLE COUVEUSE

POUR ENFANTS NOUVEAU-NÉS

Par M. le Docteur G. EUSTACHE.

Professeur de clinique obstétricale et de gynécologie à la Faculté libre
de médecine de Lille,
Chirurgien en chef de la Maternité Ste-Anne et de l'Hospice
de la charité maternelle,
Ancien professeur agrégé et chargé de cours à la Faculté de médecine
de Montpellier.
Lauréat de l'Académie de médecine, etc.

LILLE,
IMPRIMERIE L. DANEL.
1884.

SOCIÉTÉ INDUSTRIELLE
du Nord de la France.

UNE NOUVELLE COUVEUSE
POUR ENFANTS NOUVEAU-NÉS

Par M. le Dr G. EUSTACHE.

Messieurs,

La communication que j'ai l'honneur de vous faire aujourd'hui s'éloigne beaucoup et par sa nature et par son objet de celles que vous écoutez habituellement dans vos séances générales. Toutefois elle se recommande à votre attention et à votre bienveillance par son but essentiellement humanitaire, puisqu'elle vise à assurer le plus possible la conservation définitive de tous les enfants venus au monde vivants et viables.

Or, les enfants sont l'espoir de la famille ; ils sont l'espoir de la patrie et de l'humanité tout entière ; tout ce qui touche à eux nous intéresse au premier chef ; aussi j'ose espérer que, malgré son caractère spécial, vous voudrez bien vous intéresser à cette question des Couveuses pour enfants nouveau-nés.

Afin que vous puissiez apprécier et juger en connaissance de cause, vous me permettrez de diviser mon sujet en deux parties.

Dans la première j'exposerai les raisons qui nécessitent l'emploi de la couveuse chez certains enfants, ainsi que les résultats déjà obtenus à l'aide de cet appareil.

Dans la seconde, je décrirai l'une de ces couveuses à l'agencement et à la construction de laquelle j'ai contribué moi-même.

I.

En venant au monde, l'enfant se trouve dans des conditions nouvelles contre lesquelles il doit lutter afin de contrebalancer leur pouvoir destructeur. Dès la naissance, le combat pour la vie, le fameux *struggle for life* de Darwin, commence; il ne finira qu'à la mort.

Le changement le plus notable qui s'opère au moment de la naissance, c'est le changement de milieu.

Jusque-là l'enfant s'était développé dans un milieu clos à température constante, 38 degrés centigrades environ. Il se trouve subitement transporté dans un nouveau milieu à température variable, presque toujours bien au-dessous de la température du sein de sa mère.

Il ne tarderait pas à se refroidir s'il ne trouvait en lui-même une activité, une force suffisante pour lutter contre cet ennemi, le refroidissement, contre lequel, du reste, tout être vivant et l'homme en particulier ont toujours à combattre.

L'enfant venu à terme, vigoureux et bien conformé, résiste efficacement à cette cause de destruction. S'il perd de la chaleur dans le nouveau milieu où il se trouve placé, il en produit en vertu de son énergie native. Bientôt le fonctionnement de ses organes digestifs lui permet d'emmagasiner et d'utiliser des matériaux, source de calorique. Ainsi se trouve assurée la conservation de la chaleur animale, la conservation de la vie.

A un enfant né dans des conditions semblables, quelques soins élémentaires, l'air pur, la propreté et une certaine quantité d'aliments, de lait, suffisent pour assurer un bon état de santé présent et un développement progressif.

Mais supposons, ce qui malheureusement se présente un assez grand nombre de fois, qu'un enfant vienne au monde dans des conditions différentes. Il sera né avant terme, c'est-à-dire entre le septième mois révolu et le neuvième mois ; il peut vivre sans doute, il est viable suivant l'expression consacrée.

Toutefois ses organes sont incomplètement développés et d'un fonctionnement relativement faible, le sang circule avec moins d'activité, la faiblesse est trop grande pour permettre l'alimentation ou pour assurer la bonne utilisation des aliments calorigènes introduits dans le corps. Dans ces conditions qu'arrive-t-il ?

L'enfant se refroidit des extrémités au centre : ce refroidissement va sans cesse en augmentant et la mort arrive.

Vous savez tous que ce refroidissement n'a pas besoin d'être très intense pour arriver à être mortel. La température moyenne du corps humain est de $37°,5$ environ, il suffit d'une élévation ou d'un abaissement de 5 degrés centigrades pour entraîner la mort.

Mettez un pauvre petit avorton de 7 à 8 mois, au sortir d'un milieu à $38°$, dans un milieu de 20, de 10 ou de 0 degrés, et il aura vite fait de perdre ces cinq degrés nécessaires à la conservation de sa vie, il mourra.

Tel est le danger qui menace les enfants nés avant terme, et c'est à ce danger qu'il faudra parer si l'on ne veut point aboutir à un résultat fatal.

A côté de ce premier cas, il en est d'autres qui prêtent absolument aux mêmes considérations.

Il est des enfants qui, quoique venus à terme, sont maigres, chétifs, tellement faibles que le refroidissement et la cyanose apparaissent dès qu'on les éloigne du feu.

Il en est d'autres encore qui, peu de temps après leur naissance, sont atteints de maladies caractérisées par le gonflement (œdème) ou le durcissement (sclérème) de la peau, par un état de dépérissement considérable dû à l'absence d'absorption des aliments (athrepsie). Tout comme les précédents, ces enfants manquent de ressort, ne produisent pas suffisamment de chaleur et se refroidissent.

Que convient-il de leur donner en attendant mieux ? C'est de leur fournir du calorique, ou mieux de les placer dans un milieu dont la température sera sensiblement la même que la leur et où par conséquent ils ne pourront pas se refroidir. Telle est l'indication urgente.

De ce qui précède, il résulte que les enfants nés avant terme, et ceux qui, venus à terme, sont maigres, affaiblis, malades, ont besoin d'être préservés contre le refroidissement. C'est à ceux-là seuls que conviennent des soins de nature spéciale et notamment l'application de la couveuse.

Comment s'y prend-on ordinairement ?

On enveloppe ces enfants dans la ouate ; on les entoure de boules d'eau chaude ; on allume du feu dans les appartements. Ces soins réussissent dans un certain nombre de cas, mais ils échouent souvent. Dans les hôpitaux de Paris, sur 100 enfants nés avant terme ou pesant moins de 2000 gr. en naissant, il en meurt 66, c'est-à-dire les deux tiers.

Ce résultat est loin d'être satisfaisant, aussi les médecins cherchaient-ils mieux.

Un médecin allemand, le Dr Winckel, a conçu l'idée de placer ces enfants dans un bain permanent à 36° ou 37°, et a fait construire une baignoire en forme de chancelière où l'enfant reste plongé. Mais la tête est dehors et l'air de la respiration est plus froid que la température du corps ; de plus cette pratique est tellement compliquée dans l'exécution qu'on ne l'a jamais prolongée au-delà de 24 heures. Le bain dans ces conditions est un remède très actif, qui peut être et a été très efficace dans quelques cas. mais qui ne peut être considéré comme un moyen hygiènique.

C'est alors qu'un accoucheur éminent de Paris, M. le professeur Tarnier (1), eût l'idée de placer les enfants dans une couveuse.

---

(1) De la couveuse pour enfants, par M. A. Auvard, interne à la Maternité de M. Tarnier (Archives de Tocalogie, octobre 1883).

C'était au moment de l'Exposition de 1878 où les couveuses pour l'éclosion artificielle des œufs étaient si largement représentées.

M. Tarnier se dit avec raison qu'en plaçant les enfants nouveau-nés, venus avant terme ou menacés de refroidissement par suite d'un état maladif quelconque, dans un appareil analogue à la couveuse pour œufs, il mettrait ces enfants dans des conditions bien meilleures pour leur santé et leur développement, puisque, la température étant constante à un degré voulu, il éviterait les causes de refroidissement tant par la peau que par la respiration.

Cette idée si simple ne reçut son exécution que 3 ans après, en 1881. M Tarnier s'était adressé à un constructeur de couveuses de Paris, M. Odile Martin, qui lui livra deux appareils fabriqués sur ses indications. Ces appareils fonctionnent depuis à la Maternit de Paris et ont servi déjà à 151 enfants (octobre 1883),

Or, sur ces 151 enfants, 105 ont survécu, 46 seulement son morts, ce qui donne une proportion de mortalité de 32 pour 100 au lieu de 66 que l'on obtient sans couveuse. Des 2/3 la mortalité s'abaisse au tiers.

Ce résultat éminemment favorable entraîne forcément cette conséquence que l'application de la couveuse aux enfants nés avant terme ou à ceux qui sont atteints de certaines maladies dès les premiers jours de leur naissance, est une excellente mesure digne d'être conseillée et généralisée le plus possible.

C'est surtout dans les Maternités où il y a un nombre considérable d'enfants, que la couveuse trouvera le plus souvent ses indications.

L'Administration de l'Assistance publique de Paris n'a pas hésité a doter chacun de ses services hospitaliers d'accouchements d'une couveuse où peuvent être placés simultanément 2, 4, 6 et jusqu'à 12 enfants. Les relevés statistiques de ces divers services n'ont pas été publiés comme pour la Maternité de Port-Royal, mais je sais par divers chefs de service que les résultats obtenus ont été très favorables.

Connaissant ces faits, ayant vu à plusieurs reprises les couveuses de M. Tarnier, je désirais pouvoir doter d'un de ces appareils la Maternité que je dirige à Lille et où se font près de 300 accouchements par an.

Je m'occupais donc de cette question ; il en résulta la construction d'une couveuse nouvelle sur l'agencement et le fonctionnement de laquelle je vous demande la permission de donner quelques détails.

II.

La couveuse de M. Tarnier est constituée par une boîte de forme rectangulaire divisé en 2 compartiments. L'inférieur est rempli par un grand bac d'eau chaude avec thermo-syphon extérieur. Le compartiment du haut reçoit une corbeille qui sert de berceau. Il va sans dire qu'entre les parois de la caisse et le réservoir d'eau chaude existe un espace libre pour la circulation de l'air qui, venant des parties inférieures, monte dans le compartiment supérieur en s'échauffant au passage et s'échappe par des orifices pratiqués, sur les bords du couvercle de la boîte formé d'une glace mobile.

Le réservoir étant rempli d'eau, on le porte à la température voulue à l'aide d'une lampe placée sous le thermo-syphon extérieur. Puis la lampe est éteinte ; on la rallume deux ou trois fois par jour afin de maintenir à peu près exactement la constance de la température.

Mais avec ce système de chauffage, on a forcément des variations de température plus ou moins étendues suivant le degré de surveillance et d'exactitude des infirmières qui sont chargées de la direction de la couveuse.

Ces irrégularités, pourvu qu'elles se maintiennent dans de certaines limites, ne nuisent pas à la bonne marche de l'incubation des œufs ; elles n'ont pas présenté d'inconvénients sérieux dans la couveuse pour enfants. Il n'en est pas moins vrai qu'elles ne soient regrettables et qu'on ne doive chercher à y remédier.

C'est ce que l'on a fait en adaptant à la couveuse l'un des nombreux régulateurs pour étuves qui existent. J'ai vu l'une de ces couveuses (service de M. le Dr Budin, hôpital de la Charité) munie du régulateur Regnard qui malheureusement s'était vite dérangé.

M. Tarnier me signalait ce désidératum important de sa couveuse et m'engageait à trouver mieux pour la couveuse que j'installerai chez moi. Fort de cette autorisation, je m'en occupai aussitôt.

C'était au moment de l'Exposition du Palais Rameau où plusieurs variétés de couveuses pour œufs étaient exposées. Mon attention fut surtout attirée par la couveuse Champion qui promettait une régularité constante et automatique de la température grâce à sa *capsule thermostatique*. Vous connaissez tous cette couveuse qui est déjà beaucoup répandue.

La transformation de cette couveuse pour œufs en couveuse pour enfants était facile en suivant à très peu de chose près les mêmes principes qui avaient guidé M. Tarnier dans la transformation de la couveuse Odile Martin.

De concert avec le représentant lillois de la maison Hearson, de Londres, qui exploite en France le brevet des couveuses Champion, nous dressâmes un projet basé sur les points suivants :

Le compartiment inférieur de la couveuse Champion, la *couveuse* proprement dite, serait supprimé. Le compartiment supérieur, ou *séchoir* pour les petits poussins qui viennent d'éclore, serait agrandi de façon à pouvoir contenir deux corbeilles en osier qui serviraient de berceaux.

L'appareil Champion assure d'une manière largement suffisante l'accès et le renouvellement de l'air pur, qui pénètre par une ouverture pratiquée sur le fond et s'échappe par une série de trous placés près du couvercle. Mais pour remplir le nouveau rôle auquel il est destiné, l'air doit avoir une nouvelle qualité indispensable, posséder une dose suffisante d'humidité. Afin d'obtenir ce résultat, nous convînmes de la disposition suivante :

Un baquet en métal (O.O) est placé sur le fond de la couveuse. Le milieu de ce baquet est soulevé en P et forme couvercle sur l'ouverture M par où passe l'air. Ce couvercle est percé de trous nombreux sur toute sa circonférence de façon à ce que l'air circule horizontalement dans la direction des flèches. Une plaque de zinc X largement trouée, recouvre le baquet plein d'eau et supporte une grosse toile N dont les quatre coins plongent dans le liquide, en sorte que ce tissu est constamment imbibé d'humidité dont s'imprègne l'air pour entrer dans la couveuse (Fig. 1).

Après avoir assuré le renouvellement continu d'un air pur et humide, nous devions nous occuper ensuite de maintenir automatiquement une température uniforme dans la couveuse, de façon à ce que la constance de cette température ne fût pas à la merci du plus ou moins de vigilance et d'assiduité d'une garde quelconque.

Pour cela, nous n'eûmes rien à changer à la disposition de la couveuse Champion puisqu'elle garantit cette constance automatique.

Nous demandâmes seulement au constructeur de nous donner des capsules thermostatiques marchant à 33° centigrades. M. Tarnier, lors de ses premiers essais avait employé 36° degrés, plus tard il n'arrivait plus qu'à 30°. J'optai pour le juste milieu. Dan tous les cas, cette question de température la plus convenable n'est pas encore résolue ; elle ne le sera que plus tard par une expérience prolongée.

Toutes choses étant ainsi prévues, la construction de l'appareil devenait simple et facile ; elle a été opérée rapidement et habilement à Londres par la maison Hearson qui, moins de deux mois après, en octobre 1883, m'expédiait, gratuitement je dois ajouter, la nouvelle couveuse que je vais maintenant vous décrire.

Elle est constituée par une caisse en bois de forme rectangulaire mesurant 95 centimètres de haut, 85 de large et 80 de profondeur et sert pour deux enfants.

L'intérieur de cette caisse est divisé en deux compartiments A et B de hauteur à peu près égale par des traverses de bois D.

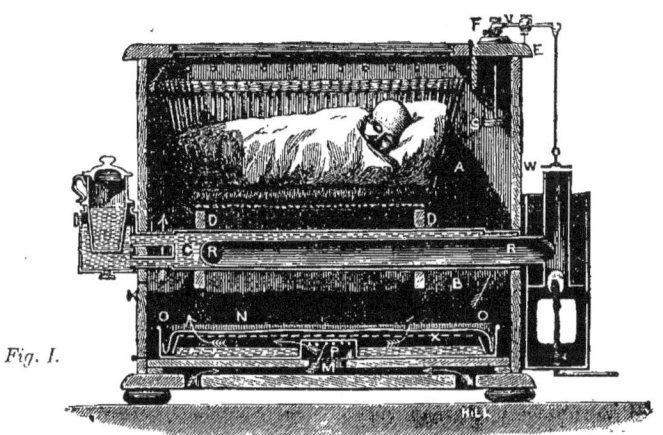

Fig. I.

Le compartiment supérieur est occupé par deux corbeilles en osier de forme oblongue, qui sont garnies et forment de véritables berceaux.

Le compartiment inférieur renferme un réservoir d'eau chaude plat et horizontal, disposé de façon à laisser tout autour de lui entre les bords et les parois de la caisse un espace libre pour la circulation de l'air. Ce réservoir est distant du fond de la caisse d'environ 15 centimètres; cet intervalle est occupé par le baquet d'eau dont je vous parlais plus haut O O P N.

La paroi supérieure de la caisse est formée par un double châssis mobile, dont la vitre permet de surveiller l'intérieur. En soulevant ce châssis, on a accès dans la couveuse, et on peut ainsi retirer ou remettre les enfants à volonté. La traverse qui sépare ces deux châssis sert de point d'appui à l'appareil thermostatique dont il va être question et livre passage à un thermomètre qui renseigne constamment sur la température intérieure de la couveuse.

Quand la couveuse est construite pour un seul enfant, comme le représente la figure suivante.

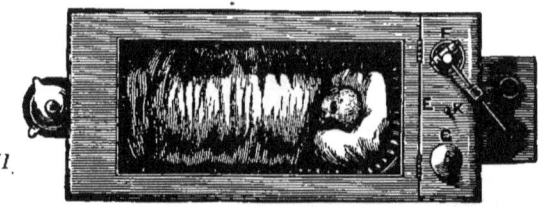

Fig. II.

l'appareil thermostatique F, le thermomètre K et en plus une sonnette de sûreté G sont supportés par la partie fixe E du châssis, du côté de la tête de l'enfant.

La paroi inférieure est percée à son centre d'un trou circulaire M (Fig. I) par où pénètre l'air atmosphérique. Celui-ci après s'être chargé d'humidité dans l'étage inférieur, s'échauffe en passant tout autour du réservoir et monte ainsi dans le compartiment supérieur d'où il peut s'échapper par une série de trous pratiqués sur les parois de la couveuse tout près du couvercle.

Sur les côtés de l'appareil est placée une lampe à gaz ou bien une lampe à pétrole. La chaleur fournie par la flamme de cette lampe passe par un tube R R en forme de fer à cheval qui parcourt deux fois la largeur du réservoir à eau chaude de façon à obtenir une plus grande surface de chauffe. Cette lampe est en rapport avec l'appareil régulateur de la température ou appareil thermostatique.

Celui-ci est combiné de la manière suivante :

Dans le compartiment supérieur de la couveuse se trouve une capsule hermétiquement close de 4 à 5 centimètres carrés renfermant dans son intérieur un liquide qui entre en ébullition à une température déterminée (33° centigrades pour la couveuse d'enfants.) Sur cette capsule appuie un levier, qui se lève ou s'abaisse suivant que la capsule se gonfle ou s'aplatit. Le mouvement de ce levier se transmet hors de l'appareil et agit d'une façon différente suivant que la marche a lieu au gaz ou au pétrole.

La première couveuse construite, celle que je possède, marche au gaz. Le levier qui repose sur la capsule appuie par son autre bout sur une espèce de tambour à parois souples dans lequel arrive le gaz et d'où part le tuyau d'alimentation de la lampe. Quand la capsule est aplatie, le gaz passe en toute liberté et la lampe brûle à pleine flamme. Si la capsule est distendue et le levier soulevé, le passage du gaz est diminué ; il n'en circule que la quantité nécessaire pour que la lampe ne s'éteigne pas. Dès lors la flamme et la chaleur baissent jusqu'à ce que la capsule ait repris ses premières dimensions. Il y a là un réglage automatique de la lampe et par conséqnent de la chaleur développée par elle dans le réservoir d'eau chaude et dans la couveuse.

Dans les nouveaux modèles construits par la maison Hearson, le réglage de la température est un peu différent quoique reposant sur le même principe. Ces couveuses peuvent marcher indifféremment au gaz, à l'huile ou au pétrole (Fig. 1.)

A la capsule thermostatique est adapté un levier V qui marche en F. A l'extrémité de ce bras de levier est attaché l'opercule W sous lequel brûle la flamme.

Quand la capsule se gonfle, l'opercule W se soulève ; le calorique fourni par la flamme s'échappe directement dans l'air sans passer par le tude RR que traverse le réservoir d'eau chaude. Dès lors cette eau tend à se refroidir, et la température intérieure de la couveuse s'abaisse au-dessous du point d'ébullition du liquide contenu dans la capsule. Celle-ci s'aplatit, le levier s'abaisse ; l'opercule W s'abaisse aussi ; et force la chaleur à passer par le tube RR situé dans le réserveau d'eau dont la température s'élève. Il y a là un jeu constant d'équilibre qui maintient la température entièrement uniforme.

Sur le bras de levier V se trouve un curseur T qui sert à régler l'appareil au moment de sa mise en marche, et qui peut aussi plus tard servir à corriger les variations que l'on aurait constatées.

Ajoutons, pour compléter la description de l'appareil, une heureuse addition imaginée par le constructeur qui a placé hors de la couveuse du côté des pieds du berceau un petit vase, dont le fond baigne dans l'eau du réservoir et permet ainsi de conserver une boisson toujours tiède, en cas de besoin.

Telle est la description de la nouvelle couveuse que je possède depuis un an et que j'ai soumise à un certain nombre d'essais.

Je me suis assuré dès d'abord que l'uniformité et la constance de la température étaient bien réelles. Pendant près de deux mois qu'elle a marché sans interruption, je n'ai pu constater que des variations à peu près insignifiantes de température qui n'ont jamais atteint un degré centigrade. Sous ce rapport, le désidératum des premières couveuses me parait heureusement atteint.

Je n'ai pu l'utiliser que pour quatre enfants qui se trouvaient dans les conditions requises pour être placés dans la couveuse, et en effet sur plus de 250 naissances que j'ai eues à la Maternité depuis un an, une heureuse malechance a fait que la presque totalité de ces enfants est venue au monde dans des conditions de force et de vigueur irréprochables.

Sur ces 4 enfants 3 ont vécu, un seul a succombé. Ce chiffre est trop restreint pour avoir une signification quelconque, et nous restons, pour juger de la valeur thérapeutique de la couveuse, en présence des résultats statistiques de M. Tarnier, qui, comme je le disais plus haut, sont surabondamment démonstratifs.

Je devrais maintenant, pour achever ma démonstration, vous décrire la mise en marche de l'appareil, mais elle est trop simple en vérité pour que chacun de vous ne la saisisse pas.

Je devrais aussi vous décrire les soins à donner à l'enfant placé dans la couveuse, soins qui ne diffèrent pas de ceux que l'on donne aux enfants élevés dans les conditions ordinaires, mais ceci est du domaine du médecin et de la garde-couches, et vous me permettrez de ne pas m'y arrêter en cette circonstance.

La nouvelle couveuse, dont je suis un peu le père, d'aucuns même n'hésiteraient pas à dire beaucoup, a fait son apparition dans le monde, et elle a reçu partout un accueil très flatteur. Il est vrai qu'elle semble avoir oublié ses premiers générateurs puisqu'elle se présente sous le nom de *nourrice thermostatique*, *thermostatic nurse* de Hearson, alors que le nom de Tarnier et le mien lui avaient été promis.

A la Société obstétricale et à l'exposition d'hygiène de Londres, à l'exposition d'Ostende et à Bruxelles, elle a obtenu des suffrages très encourageants. Elle fonctionne maintenant dans la plupart des hôpitaux de Londres, dans les hôpitaux de Bruxelles et dans toutes les maternités des Facultés de médecine de Belgique. Elle n'a pas encore franchi les frontières de la France, son premier pays, où elle est arrêtée par des questions de douanes et de brevets.

Elle est même sortie du domaine de l'assistance publique pour entrer dans la clientèle privée, et beaucoup de *babys* de la meilleure société anglaise sont, paraît-il, élevés dans la couveuse qui, montée sur une voiture d'enfant, leur permet de sortir par les temps les plus froids et les plus embrouillardés et de jouir ainsi du bienfait inappréciable du grand air et de la lumière.

La maison Hearson aurait réalisé cette année plus de 15,000 fr. de bénéfices nets par la vente et la location des couveuses pour enfants.

En terminant cette communication déjà trop longue, permettez-moi d'en déduire une conclusion pratique.

Etant démontré aujourd'hui que la couveuse peut contribuer à sauver la vie d'un certain nombre d'enfants qui, quoique faibles, chétifs ou malades, ne s'en développeront pas moins plus tard avec les attributs de la santé la plus complète et dont l'existence, dans tous les cas, est du plus haut prix pour leur famille, il y a lieu de vulgariser l'emploi de la couveuse, et tout d'abord d'engager les administrations hospitalières à en doter leurs services d'accouchements.

Quand ce premier résultat sera acquis, je ne doute pas qu'il en sera en France et ailleurs comme il en a été à Londres, c'est-à-dire que l'emploi de la couveuse arrivera bientôt à se généraliser dans le public, dans les familles.

Lille Imp. L. Danel.

www.ingramcontent.com/pod-product-compliance
Lightning Source LLC
Chambersburg PA
CBHW060457050426
42451CB00014B/3369